# Babybrei

## EINFACH SELBST GEMACHT

## Abkürzungen

cl = Centiliter

E = Eiweiß

El = Esslöffel

F = Fett

g = Gramm

kcal = Kilokalorien

kg = Kilogramm

KH = Kohlenhydrate

kJ = Kilojoule

l = Liter

ml = Milliliter

Msp. = Messerspitze

P. = Päckchen

TK = Tiefkühlprodukt

Tl = Teelöffel

Ø = Durchmesser

## Bildnachweis

## Wichtiger Hinweis

# INHALT

# EINLEITUNG

# Einleitung

## 1, 2, 3 — ran an den Brei!

Irgendwann im ersten Lebensjahr Ihres Babys stehen Sie vor der Frage, ob Sie fertige Babynahrung kaufen oder selber kochen wollen. Eine Frage, die sich für viele Eltern oft ebenso schnell beantwortet wie ein vollgepackter Tag mit Kindern, Job und Haushalt vorüber ist, denn selbstverständlich geht es schneller, ein paar Gläschen einzukaufen, als sich selber an den Herd zu stellen.

Aber es gibt auch sehr gute Argumente für das Selberkochen. Ein unbestrittener Vorteil ist wohl der, dass Sie immer genau wissen, was drin ist. Natürlich, auch die Hersteller von Gläschenkost achten auf einwandfreie Qualität – aber wie transparent ist der Herstellungsprozess für Sie? Wenn Sie selber kochen, können Sie ganz sicher sein, das Beste für Ihr Kleines zu tun. Nicht zuletzt schmeckt frisch gekocht nicht nur leckerer, sondern hat auch den Vorteil, dass wertvolle Inhaltsstoffe besser erhalten bleiben. Und mit ein paar Tricks ist der Aufwand auch gar nicht so groß, wie Sie vielleicht denken.

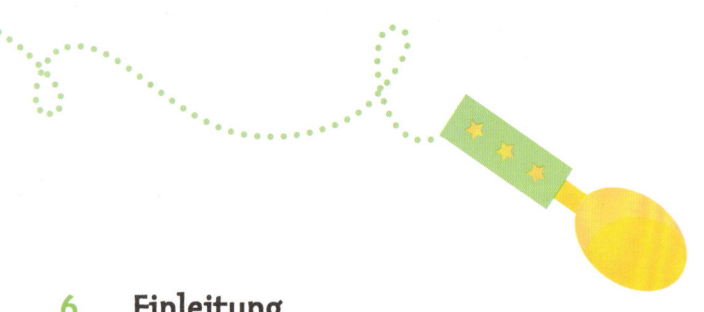

## Vom richtigen Zeitpunkt

Wann ist nun der Zeitpunkt gekommen, zu dem Sie mit den ersten Breien starten sollten? Vor Beginn des 5. Monats müssen Sie noch keine Gedanken daran verschwenden, denn Muttermilch oder entsprechende Ersatznahrung reicht völlig aus. Ihr Baby ist vor diesem Alter meist auch noch nicht in der Lage, Breie oder gar feste Lebensmittel zu schlucken, und würde alles, was Sie ihm anbieten, vermutlich reflexartig wieder mit der Zunge aus dem Mund bugsieren. Zudem kann es in der Regel sein Köpfchen noch nicht selbstständig halten.

Frühestens zu Beginn des 5. Monats, spätestens aber, wenn Ihr Baby ein halbes Jahr alt ist, also zu Beginn seines 7. Lebensmonats, sollten Sie mit der Beikost beginnen. Dann gehen manche Nährstoffreserven, die Ihr Baby noch vor der Geburt angelegt hat, zur Neige und die Muttermilch oder die Milchersatznahrung können diese Defizite nicht auffangen.

### Vertrauen Sie auf Babys Signale

Seien Sie versichert: Ihr Baby wird Ihnen irgendwann in diesem Zeitraum signalisieren, dass es soweit ist. Es kann zwar noch nicht mit Worten ausdrücken, dass es jetzt mehr als nur Milch braucht, sendet Ihnen aber eindeutige

Signale: Es schaut Ihnen sehr neugierig beim Essen zu, greift auch schon mal nach Ihrem Essen, zeigt darauf und macht dabei freudige Gluckser. Es ahmt vielleicht sogar Ihre Essensbewegungen nach und nimmt alle möglichen Gegenstände in den Mund.

## Welcher Löffel, wie sitzen?

Nun ist es also so weit, das Abenteuer „Brei" kann beginnen. So bieten Sie Ihrem Kind die besten Bedingungen, dieses Abenteuer erfolgreich zu meistern: Nehmen Sie es für die ersten Löffelversuche auf den Schoß und statten es mit einem großen Lätzchen und sich selbst sicherheitshalber mit einer Schürze aus. Setzen Sie es so auf den Schoß, dass Sie es gut mit der rechten Hand füttern und gleichzeitig mit der linken etwas festhalten und verhindern können, dass es nach dem Löffel greift. Bieten Sie ihm jetzt einen Löffel Brei an. Wenn es den Mund nicht von selber öffnet, schieben Sie den Löffel ganz vorsichtig zwischen seine Lippen. Für diesen Fall gibt es spezielle Babylöffel mit einem Vorderteil aus Weichgummi, das die Lippen des Babys nicht verletzt. Macht Ihr Baby gut mit, reicht auch ein normaler Plastiklöffel, nicht aber einer aus Metall. Metalllöffel könnten wegen ihrer guten Wärmeleitfähigkeit zu heiß werden und sind zu hart.

Sobald das nach einigen Malen reibungslos klappt, füttern Sie Ihr Baby im Hochstuhl. Wenn es irgendwann selber mit dem Löffel essen möchte und Sie ihm das zutrauen können, geben Sie ihm sein Essen in robustem Plastikgeschirr, selbstverständlich nicht in bruchgefährdetem Glas- oder Porzellangeschirr.

# IN VIER STUFEN VOM BREI ZUM „RICHTIGEN" ESSEN

Wenn es losgehen soll, suchen Sie sich eine Tageszeit aus, zu der Ihr Baby gut ausgeschlafen ist. In der Regel beginnt man in der Mittagszeit.

## Der erste Brei

Starten Sie zuerst nur mit einer einzigen, gut verträglichen Gemüsesorte, die Sie in wenig Wasser kochen, pürieren und mit einem Löffelchen Öl anreichern. Das kann Möhre, Pastinake, Kürbis oder Süßkartoffel sein. Ihr Baby muss die neue Situation erst kennenlernen und sollte nicht mit zu vielen Geschmäckern überfordert werden. Drei bis vier Löffel sind für den Anfang auch schon genug. Damit Ihr Baby satt wird, füttern Sie es noch mit einer Milchmahlzeit. Ein paar Tage behalten Sie diese Gemüsesorte bei, bevor Sie die nächste ausprobieren. Die Menge steigern Sie langsam.

## Der Gemüse-Kartoffel-Fleisch-Brei

Allmählich können Sie dann zu gehaltvolleren Breien übergehen. Das ist mittags der Gemüse-Kartoffel-Fleisch-Brei, mit dem Sie den ersten reinen Gemüsebrei ersetzen. Fleisch füllt vor allem Babys allmählich zur Neige gehenden Eisenspeicher auf. Die Verwertung des Eisens wird durch die Zugabe von Vitamin C verbessert, weshalb man den Breien noch einen Vitamin-C-reichen Saft (z. B. Orangen- oder Apfelsaft) zugibt. Später können Sie dann auch noch stattdessen als „Nachtisch" einen Obstbrei reichen.

Kartoffeln liefern Kalorien. Auf die Kalorien achten, heißt bei der Babyernährung nicht, daran zu sparen – im Gegenteil! Für Babys, die ja extrem wachsen müssen, ist eine ausreichende Energiezufuhr sehr wichtig. Kartoffeln sättigen außerdem besser als Reis, Nudeln oder andere kohlenhydrathaltige Nahrungsmittel, weshalb sie die beste Wahl fürs Baby sind.

### Ein Löffelchen Öl

In jeden Brei gehört auch immer ein wenig Fett, am besten in Form von Öl. Ein bis zwei Teelöffel pro Portion sind ausreichend. Ideal ist Rapsöl, aber auch andere Öle wie Olivenöl, Leinöl oder Walnussöl dürfen es mal sein. Butter liefert zwar ebenfalls die benötigten Kalorien, ist aber von ihrer Fettsäurezusammensetzung nicht optimal. Hin

er versorgt sie mit den wertvollen ungesättigten Fettsäuren und mit Jod. Auch Ei ist ab dem 7. Monat erlaubt. Es liefert Ihrem Baby gutes Eiweiß und Vitamin D für den Knochenaufbau.

## Der Milch-Getreide-Brei

Einen Monat später, spätestens mit dem Beginn des 8. Monats, ist es dann an der Zeit, eine weitere Milchmahlzeit zu ersetzen, und zwar durch den Milch-Getreide-Brei. Die beste Tageszeit dafür ist der Abend, denn die gut sättigende Mahlzeit kann beim Durchschlafen helfen. Sie können sie aber auch morgens füttern.

Der Milch-Getreide-Brei liefert über die Milch besonders viel Kalzium, das für den Knochenaufbau gebraucht wird. Durch die Zugabe von etwas Obstsaft oder -brei lässt sich außerdem wieder die Eisenaufnahme verbessern.

Gut verträgliche Getreide für den Anfang sind Haferflocken, Grieß aus Weizen oder Dinkel und Flocken aus Hirse oder Reis. Und achten Sie auch hier auf eine ausreichende Kalorienzufuhr, indem Sie sich für Vollmilch und nicht für fettreduzierte Milch entscheiden!

und wieder können Sie den Brei aber natürlich auch damit verfeinern.

### Fisch statt Fleisch

Wenn Sie den Brei schon einen Monat lang füttern, dann beginnen Sie damit, das Fleisch einmal in der Woche durch die gleiche Menge Fisch zu ersetzen. Fisch wird seit einiger Zeit für Babys ab dem 7. Monat empfohlen, denn

## Der Getreide-Obst-Brei

Wieder einen Monat später wird die nachmittägliche reine Milchmahlzeit durch einen weiteren Brei ersetzt: den Getreide-Obst-Brei. Dieser Brei ist milchfrei. Obst haben Sie zwar auch vorher schon in sehr geringen Mengen – in Form von etwas Saft oder Brei – gegeben, um die Eisenverwertbarkeit zu erhöhen. Doch jetzt sind die Obstmengen deutlich höher und es gibt Vitamine satt für Ihr Baby! Damit das Obst leichter verdaulich wird, kochen Sie es anfangs, später können Sie es auch mit rohem Obst versuchen. Und füttern Sie es besonders zu Beginn besser immer in Verbindung mit Getreide, denn dieses nimmt dem Obst etwas von seiner Säure und macht es milder.

Die besten Sorten sind Bananen, Äpfel und Birnen. Mehr Abwechslung braucht Ihr Baby auch nicht. Es ist mit zwei bis drei Sorten gut mit Vitaminen versorgt. Aber natürlich dürfen Sie es auch andere Sorten probieren lassen.

### Kauen üben

Mit etwa neun Monaten, wenn Ihr Kind schon ein paar Zähne hat, können Sie es allmählich an das Kauen gewöhnen, indem Sie die Breie nicht mehr ganz so fein pürieren und auch mal ein paar Stückchen darin belassen.

## Allmählicher Übergang zur Familienkost

Etwa ab seinem 10. Lebensmonat, spätestens aber zu seinem ersten Geburtstag, darf Ihr Baby allmählich schon bei Ihnen mitessen. Das meiste ist jetzt schon erlaubt und wird gut vertragen. Viele Babys essen dann schon die ganz normale Familienkost mit. Hier gibt es aber ein paar Einschränkungen: Abgesehen davon, dass das Baby harte, zähe und feste Nahrungsmittel noch nicht kauen kann und sich an zu Kleinteiligem verschlucken könnte, darf es auch nicht zu viel Salz bekommen, denn seine Nieren sind noch nicht ausgereift. Nehmen Sie nur ganz wenig Salz oder kochen Sie ganz ohne Salz und salzen die Mahlzeit für die übrige Familie erst am Tisch nach. Auch bei der Verwendung von Brühe, ob hausgemacht oder instant, sollten Sie auf den Salzgehalt achten und diese sparsam einsetzen. Auf zu salzige Nahrungsmittel wie Schinken und Wurst verzichten Sie ganz und mit Gewürzen gehen Sie besser sparsam um. Scharfe Gewürze wären zu aggressiv für den empfindlichen Babymagen.

# Der Vier-Stufen-Plan

| Stufe | Frühstück | Mittagessen | Zwischenmahlzeit | Abendessen |
|---|---|---|---|---|
| 1: Beginn 5. bis spätestens 7. Monat | Muttermilch oder Flaschenmilch | Erste Tage: reiner Gemüsebrei zum Angewöhnen, dann Gemüse-Kartoffel-Fleisch-Brei | Muttermilch oder Flaschenmilch | Muttermilch oder Flaschenmilch |
| 2: Beginn 6. bis spätestens 8. Monat | Muttermilch oder Flaschenmilch (stattdessen auch abends möglich) | Gemüse-Kartoffel-Fleisch-Brei | Muttermilch oder Flaschenmilch | Milch-Getreide-Brei (stattdessen auch morgens möglich) |
| 3: Beginn 7. bis spätestens 9. Monat | Muttermilch oder Flaschenmilch (stattdessen auch abends möglich) | Gemüse-Kartoffel-Fleisch-Brei, nun auch in Stückchen | Getreide-Obst-Brei | Milch-Getreide-Brei (stattdessen auch morgens möglich) |
| 4: Beginn 9. bis spätestens 11. Monat | Muttermilch oder Flaschenmilch (stattdessen auch abends möglich) | Familienmahlzeit | Getreide-Obst-Brei | Milch-Getreide-Brei (stattdessen auch morgens möglich) |
| Beginn 2. Lebensjahr | Brot mit Butter und dünnem Belag, Milch | Familienmahlzeit | Obst | Brot mit Butter und dünnem Belag, Milch |

## Was gibt's zu Trinken?

Solange Sie stillen oder die Flasche geben, müssen Sie Ihrem Baby keine weiteren Getränke anbieten. Die Milch reicht für seine Flüssigkeitsversorgung völlig aus.

Doch wenn Sie mit der Beikost beginnen, dann benötigt Ihr Baby zusätzliche Flüssigkeit, und zwar in ihrer simpelsten Form: Wasser. Leitungswasser wird sehr streng kontrolliert und ist als Trinkwasser gut geeignet, auch für Babys. Ab dem 6. Monat müssen Sie es auch nicht mehr abkochen, weil Ihr Baby nun einen ausreichenden Immunschutz gegen möglicherweise vorhandene Keime entwickelt hat. Wenn Sie Ihrem Leitungswasser nicht trauen möchten oder können, vielleicht, weil in Ihrem Haus noch Bleileitungen liegen, dann wählen Sie für die Babyernährung geeignetes kohlensäurefreies Mineralwasser. Andere Getränke für Ihr Baby sind nicht notwendig.

Hin und wieder sind verdünnte Fruchtsäfte als Mahlzeitenbestandteil auch erlaubt. Sie sollten aber nicht regelmäßig als Getränk angeboten werden und vor allem nicht über den ganzen Tag verteilt.

Ungesüßte Früchte- oder Kräutertees sind auch okay, müssen aber nicht sein. Heiltees sollten Sie nur im akuten Fall einsetzen, wenn sie wirklich gebraucht werden.

### Babysäfte

Vielleicht fragen Sie sich, wie es mit speziellen Babysäften aussieht, schließlich erwecken diese den Eindruck, extra auf das Bedürfnis des Babys abgestimmt zu sein. Die Antwort ist einfach: Solche Säfte sind unnötig und können auf Dauer sogar schaden, denn sie sind sehr süß. Ihr Baby mag diesen süßen Geschmack sehr gerne und trinkt deshalb mehr als von einfachem Wasser. Manche Eltern deuten das als gutes Zeichen. Das Gegenteil ist aber der Fall, denn Süßes – auch aus der natürlichen Fruchtsüße – fördert Karies, selbst wenn noch gar keine Zähnchen da sind, und prägen außerdem seine Vorliebe für Süßes.

# Ein großes Thema: Allergievorbeugung

Allergien sind ein Thema, das immer mehr Aufmerksamkeit von uns verlangt, denn sie werden immer häufiger. Einerseits sind vermutlich Schadstoffe in der Umwelt für die steigenden Zahlen verantwortlich, aber am entscheidensten bei der Allergieentstehung ist die genetische Veranlagung. Das heißt: In erster Linie ist bei der Entwicklung einer Allergie ausschlaggebend, ob es in Ihrer Familie schon Allergien gibt. Sind ein oder gar beide Elternteile oder nähere Familienmitglieder von Allergien betroffen, ist damit auch die Wahrscheinlichkeit, dass Ihr Kind an einer Allergie erkrankt, besonders hoch.

## Was passiert bei einer Allergie?

Allergene sind Stoffe, die für den Körper eigentlich völlig harmlos sind. Doch bei Allergikern versetzen sie das Immunsystem in Aufruhr und lösen eine Abwehrreaktion des Körpers aus, der sich gegen die vermeintlich gefährlichen Eindringlinge zur Wehr setzen möchte. Es werden Antikörper ausgeschüttet, die eine unter Umständen gefährliche allergische Reaktion verursachen. Die Folge können Hautausschläge und Neurodermitis, Atemprobleme bis hin zu Asthma, chronische Durchfälle und einiges mehr sein.

## Training fürs Immunsystem

Bis vor wenigen Jahren hat man dazu geraten, alle potenziellen Allergieauslöser bei allergiegefährdeten Kindern im ersten Lebensjahr ganz zu vermeiden, um keine Nahrungsmittelallergie zu provozieren. Man ging davon aus, dass das Immunsystem von Babys vor Vollendung des ersten Lebensjahres noch nicht stark genug sei, sich gegen diese Allergene zur Wehr zu setzen, und die Gefahr einer Allergieentwicklung damit stark erhöht sei.

Heute weiß man es besser und plädiert dafür, gerade die Babys, die ein hohes Allergierisiko haben, bewusst diesen Allergenen auszusetzen. Der beste Zeitpunkt, damit zu starten, ist nach dem 4. Monat, denn in der Zeit von der 16. bis zur 24. Lebenswoche gibt es ein sogenanntes Tole-

ranzfenster, in der Babys neue Nahrungsmittel besonders gut vertragen können. Ist Ihr Baby allergiegefährdet, sollten Sie diesen Zeitraum nutzen, um sein Immunsystem regelrecht zu trainieren. Die Darmflora, in der bis zu 80 Prozent der Abwehrreaktionen geleistet werden, ist dann schon so weit entwickelt, dass sie die Beikost gut verarbeiten kann. Meiden Sie keine Nahrungsmittel, von denen Sie wissen, dass sie ein hohes Allergiepotenzial haben, sondern füttern Sie sie vorsichtig. Dann beobachten Sie die Reaktion darauf. Wird das Nahrungsmittel gut vertragen, können Sie es getrost öfter und in größeren Mengen füttern. Fordern Sie das Immunsystem Ihres Kindes, indem Sie möglichst viele für sein Alter geeignete Nahrungsmittel ausprobieren.

## Was sonst noch hilft

Muttermilch in den ersten Monaten ist der beste Allergieschutz. Wenn Sie können, dann stillen Sie mindestens bis zum Ende des 4. Monats ausschließlich und bis zum Ende des ersten Lebensjahres weiter neben der Beikost. Die Muttermilch enthält in den ersten Tagen nach der Geburt besonders viele Schutzstoffe für Ihr Kind und der geringe Gehalt an Allergenen in der Muttermilch wird heute sogar positiv gesehen. Können Sie nicht stillen, dann ist HA-Pre-, später dann HA-1-Nahrung die beste Alternative.

Achten Sie ansonsten auf eine gesunde Umgebung für Ihr Kind. Das bedeutet auf keinen Fall, dass Sie alles desinfizieren sollen, das wäre sogar kontraproduktiv. Das Immunsystem Ihres Babys braucht die Auseinandersetzung mit Keimen aus seiner Umwelt. Lüften Sie aber oft und bieten Sie Ihrem Kind vor allem eine rauchfreie Umgebung. Das Allergierisiko steigt, wenn Kinder Zigarettenrauch ausgesetzt sind.

# Andere Ernährungsprinzipien

Die gesunde Ernährung ihres Kindes liegt Eltern natürlicherweise sehr am Herzen. Doch unter Eltern gibt es heute verschiedene Vorstellungen, was gesund und was ungesund ist. Es wird längst nicht mehr als Tatsache hingenommen, dass nur eine Ernährungsform die richtige sein kann. Wer Fleisch und Fisch für ungesunde Lebensmittel hält, wird sich vermutlich nicht damit wohlfühlen, seinem Baby diese Lebensmittel zu geben. Und wer darüber hinaus auch alle anderen tierischen Lebensmittel ablehnt, also vegan lebt, wird das auch für sein Kind wollen. Andere Eltern wiederum befürworten es, dem Kind ab dem Beikostalter nur feste Lebensmittel anzubieten. Was ist im Einzelnen davon zu halten?

## Vegetarische Babyernährung

Fleisch spielt eine wichtige Rolle als Lieferant des für die Blutbildung maßgeblichen Eisens und Fisch liefert sowohl wertvolle Omega-3-Fettsäuren als auch Jod. All diese Inhaltsstoffe brauchen Babys für ihr gesundes Wachstum.

Da Vegetarier sowohl auf Fleisch als auch auf Fisch verzichten, wird häufig befürchtet, dass sie mit den genannten Inhaltsstoffen unterversorgt sind. Gerade bei Babys und Kleinkindern ist das mit besonders großen Befürchtungen verbunden.

Diese sind aber unnötig, denn Studien zeigen, dass Vegetarier genauso gut mit allen wichtigen Stoffen versorgt sind wie Nicht-Vegetarier. Vielleicht liegt es daran, dass Vegetarier sich bewusster ernähren, auf Vielfalt achten und vor allem wissen, wie sie Defizite ausgleichen können. Wenn sie ein wenig Ernährungsgrundwissen besitzen, können das alle verantwortungsbewussten Eltern für ihr Kind leisten. Eisen aus pflanzlichen Lebensmitteln zum Beispiel wird viel besser verwertet, wenn es mit Vitamin-C-haltigen Nahrungsmitteln kombiniert wird. Wählt man dann noch häufig besonders eisenhaltige Lebensmittel aus, kann eigentlich nicht mehr viel schiefgehen.

Eine vegetarische Alternative für den Mittagsbrei, bei der der Fleischanteil durch andere Zutaten ersetzt wird, ist der Kartoffel-Gemüse-Brei. Bevorzugt wird dabei besonders eisenhaltiges Getreide wie Hafer und Hirse. Wer sein Kind von Anfang an vegetarisch ernähren möchte, sollte sich aber gründlich darüber informieren.

## Vegane Babyernährung

Weil Veganer nicht nur auf Fisch und Fleisch, sondern auch auf alle anderen tierischen Lebensmittel verzichten, ist diese Form der Ernährung für Babys und Kleinkinder ohne Weiteres nicht geeignet. Mit Milch und Milchprodukten fehlen eine wichtige Kalziumquelle sowie Vitamin B12, das nur ausreichend in tierischen Lebensmitteln vorhanden ist. Diese Nährstoffe und einige weitere können nicht bzw. nicht in ausreichender Menge über rein pflanzliche Lebensmittel aufgenommen werden.

Es ist aber dennoch grundsätzlich möglich, sein Kind auf diese Weise zu ernähren – wenn man die fehlenden Nährstoffe konsequent durch entsprechende Nahrungsergänzungsmittel zuführt. So – und auch nur so – können vegane Babys zu gesunden Kindern heranwachsen.

**Baby-led Weaning**

Das Konzept des Baby-led Weaning, was so viel heißt wie „vom Baby gelenkte Entwöhnung", wurde vor wenigen Jahrzehnten von der dreifachen Mutter Gill Rapley eingeführt. Sie machte die Entdeckung, dass die Zeit der Beikost wesentlich harmonischer verlief, wenn sie ihrem Baby selber die Wahl der Lebensmittel überließ.

Das Prinzip ist einfach: Von Beginn der Beikost an gibt es keinen Brei, sondern es dürfen prinzipiell alle Lebensmittel probiert werden, an denen das Baby Interesse zeigt. Anfangs lutschen sie nur darauf herum und es landet mehr auf dem Boden und im Lätzchen als im Magen, daher sind zusätzliche Milchmahlzeiten noch längere Zeit notwendig. Ein Konzept, gegen das nichts spricht, wenn man dem Baby eine große Bandbreite an Lebensmitteln anbietet und seine Experimentierfreude unterstützen möchte.

# Ein paar Küchentipps

Bevor Sie jetzt beginnen, die Rezepte aus diesem Buch auszuprobieren, hier noch ein paar Hinweise, wie Sie das Beste aus den Lebensmitteln herausholen und dabei Zeit und Arbeit sparen.

### Gemüse und Obst schonend behandeln

Gemüse und Obst liefern Ihrem Baby besonders viele Vitamine, die Sie möglichst schonend behandeln sollten. Viele Vitamine sind hitze- und lichtempfindlich, deshalb müssen Sie sehr sorgfältig mit ihnen umgehen. Lagern Sie Gemüse und Obst daher immer kühl und dunkel, waschen Sie sie immer vor dem Zerkleinern, nicht danach, und lassen Sie sie nicht lange in Wasser liegen. Auch beim Kochen nur sehr wenig Wasser verwenden – es reicht, wenn der Boden bedeckt ist – und stets mit geschlossenem Deckel garen, und zwar nur so lange, bis Gemüse oder Obst gerade weich sind.

### Auf Vorrat kochen

Besonders, wenn Sie die ersten Breie kochen, benötigen Sie nur geringe Mengen. Es lohnt sich kaum, für eine Portion die Töpfe aus dem Schrank zu holen. Die Lösung heißt: einfrieren. Alle Breie sind gut dafür geeignet und es ist einfach. Nur beim Milch-Getreide-Brei ist der Aufwand des Einfrierens vermutlich höher, als die Breie immer frisch zu kochen, daher rentiert sich das Bevorraten hier weniger.

Wenn Sie größere Mengen auf Vorrat kochen möchten, dann rechnen Sie die Mengen aus den Rezepten einfach nur auf größere Portionen hoch, multiplizieren also alle Zutatenmengen einschließlich der Wassermengen beispielsweise mit fünf oder mit zehn. Zum Pürieren können Sie die größeren Mengen auch im Topf belassen, anstatt sie in ein hohes Gefäß umzufüllen.

### Breie einfrieren

Die noch heißen Breie füllen Sie in gut gespülte gebrauchte Babykostgläschen, in Plastikbehälter oder spezielle Dosen zum Einfrieren von Babykost um. Sobald sie abgekühlt sind, stellen Sie sie ins Tiefkühlgerät.

Auch Fleisch und Fisch können Sie garen, mit dem Kochwasser pürieren und portionsweise einfrieren. Bei Bedarf als Zutat für Breie tauen Sie sie wieder auf. Ideal für das portionsweise Einfrieren sind Eiswürfelbehälter.

Natürlich können Sie auch Gemüse- und Obstsorten sowie Getreidebreie sortenweise einfrieren. Es ist dann ganz einfach, je nach Lust und Laune ganz verschiedene Breie aus Gemüse oder Obst, Fleisch und Fisch und Getreide zusammenzustellen.

Breie, die Kartoffeln enthalten, wirken nach dem Auftauen etwas glasig und faserig, das ist ganz normal und nicht weiter schlimm. Erwärmen Sie die Breie wieder und rühren sie mit dem Löffel gut durch, dann sehen Sie wieder aus wie vor dem Einfrieren.

Sie haben kein Tiefkühlgerät? Für kleine Mengen eignet sich ebenso ein Vier-Sterne-Tiefkühlfach. Ist auch das nicht vorhanden, dann kochen Sie die doppelte Breimenge und bewahren Sie eine Hälfte bis zum nächsten Tag im Kühlschrank auf.

## Breie auftauen und erwärmen

Nehmen Sie die Breie, die Sie am nächsten Tag füttern wollen, schon am Vorabend aus dem Tiefkühlgerät und lassen Sie sie langsam über Nacht im Kühlschrank auftauen. Wenn Sie sie dann am nächsten Tag füttern wollen, erwärmen Sie die bereits aufgetauten Breie im Topf, im Wasserbad, in der Mikrowelle oder im Fläschchenwärmer. Einmal aufgetaute und erwärmte Breie sollten Sie nicht noch mal erwärmen, denn dann können sich vorhandene Keime vermehrt haben, die dem Baby nicht bekommen. Was Ihr Baby nicht aufgegessen hat, sollten Sie also vorsichtshalber entsorgen.

# DIE ERSTEN BREIE
# AM MITTAG

Wenn die erste Gemüsesorte eingeführt ist und das Essen mit dem Löffel schon ganz gut klappt, kommen die ersten reichhaltigeren Breie. Mit den guten Inhaltstoffen Gemüse, Kartoffeln und Fleisch werden jetzt Speicher aufgefüllt, die allmählich zur Neige gehen. Für eine gute Eisenversorgung wird Fleisch mindestens fünfmal in der Woche empfohlen.

# Der allererste
# Möhrenbrei

### Für 1 Portion

125 g Möhren

2 Tl Rapsöl

 10 Minuten     Erster Brei ab 5. Monat

Die Möhren putzen, schälen und klein schneiden. Zusammen mit 5 El Wasser in einen kleinen Topf geben und aufkochen lassen. Dann auf kleiner Stufe etwa 7 Minuten weich köcheln.

Möhren in ein hohes Gefäß umfüllen und pürieren. Dann das Rapsöl unterrühren.

## Tipp!

Statt mit Möhren können Sie auch mit einem anderen gut verträglichen Gemüse einsteigen, z. B. mit Kürbis, Pastinaken, Süßkartoffeln oder Steckrüben. Das Gemüse, für das Sie sich entschieden haben, füttern Sie am besten eine ganze Woche, bevor Sie die nächste Gemüsesorte einführen.

# Fenchel-Puten-Brei

 15 Minuten   Ab 5. Monat

**Für 1 Portion**

25 g Putenfleisch

90 g Fenchel

40 g Kartoffeln

3–5 El Obstsaft

2 Tl Rapsöl

Sehnen und Fett vom Putenfleisch gründlich entfernen und das Fleisch klein schneiden. Den Fenchel waschen und klein schneiden.

Putenfleisch und Fenchel in einen Topf geben und in wenig Wasser etwa 7 Minuten weich kochen. In ein hohes Gefäß umfüllen und pürieren.

In der Zwischenzeit die Kartoffeln schälen, klein schneiden und ebenfalls etwa 10 Minuten in wenig Wasser weich kochen. Anschließend zu dem Fleisch und dem Fenchel geben und alles zusammen mit dem Obstsaft pürieren. Zum Schluss das Öl unterrühren.

# Spinat-Kartoffel-Brei
## mit Kalbfleisch

 15 Minuten     Ab 5. Monat

Das Kalbfleisch gründlich von Sehnen und Fett befreien. Die Kartoffeln schälen und klein schneiden. Den Spinat waschen und klein schneiden.

Kalbfleisch und Spinat zusammen in einen Topf gegeben und in wenig Wasser etwa 7 Minuten weich kochen, dann pürieren.

In der Zwischenzeit die Kartoffeln ebenfalls in wenig Wasser etwa 10 Minuten weich kochen. Wasser abgießen, Kartoffeln, Fleisch und Spinat in ein hohes Gefäß geben und pürieren. Dann das Öl unterrühren.

**Für 1 Portion**

20 g Kalbfleisch

50 g Kartoffeln

80 g Spinat

2 Tl Rapsöl

## Tipp!

Wenn Sie noch Flüssigkeit zugeben wollen, dann nehmen Sie einen Vitamin-C-reichen Obstsaft, damit die Eisenaufnahme verbessert wird.

# Kohlrabi-Hafer-Brei

 15 Minuten

 Ab 5. Monat

## Für 1 Portion

100 g Kohlrabi

50 g Kartoffeln

10 g blütenzarte Haferflocken

30 ml Orangensaft

2 Tl Rapsöl

Kohlrabi und Kartoffeln putzen, schälen und in Würfel schneiden. Beides zusammen mit wenig Wasser in einen kleinen Topf geben und aufkochen lassen. Dann auf kleiner Stufe etwa 10 Minuten weich köcheln.

Die Haferflocken und den Orangensaft hinzufügen. Alles in ein hohes Gefäß umfüllen und pürieren. Dann das Öl unterrühren.

# Möhren-Lachs-Brei
## mit frischem Orangensaft

 15 Minuten     Ab 6. Monat

**Für 1 Portion**

50 g Kartoffeln

100 g Möhren

40 g Lachsfilet (frisch oder TK)

½ Orange

2 Tl Rapsöl

Kartoffeln und Möhren putzen, schälen und in kleine Stücke schneiden. Mit wenig Wasser in einen kleinen Topf geben und aufkochen lassen. Dann auf kleiner Stufe etwa 10 Minuten weich köcheln.

In der Zwischenzeit Lachsfilet auf Gräten überprüfen und eventuelle Gräten entfernen. Fisch abspülen, trocken tupfen und würfeln. Lachswürfel zum Gemüse geben und alles noch etwa 5 Minuten garen.

In der Zwischenzeit die Orange auspressen. Gemüse, Lachsfilet und 3 El Orangensaft in eine hohes Gefäß geben und pürieren. Dann das Öl unterrühren. Ist der Brei zu dick, noch etwas Orangensaft zufügen.

**Die ersten Breie am Mittag 29**

# Pastinaken-Brei
## mit Schweinefleisch

 15 Minuten  Ab 5. Monat

### Für 1 Portion

50 g Kartoffeln

100 g Pastinaken

30 g mageres Schweinefleisch
(z. B. Schweineschnitzel)

30 ml Apfelsaft

2 Tl Rapsöl

Kartoffeln und Pastinaken putzen, schälen und in kleine Stücke schneiden. Mit wenig Wasser in einen kleinen Topf geben und aufkochen lassen. Dann auf kleiner Stufe etwa 7 Minuten köcheln.

In der Zwischenzeit das Schweinefleisch würfeln. Zu dem gekochten Gemüse geben. Alles noch etwa 5 Minuten weich kochen. Alles mit dem Apfelsaft in ein hohes Gefäß umfüllen und pürieren. Dann das Öl unterrühren.

# Brokkoli-Möhren-Polenta

 15 Minuten    Ab 5. Monat

Brokkoli waschen, putzen und klein schneiden, Möhre und Kartoffeln putzen, schälen und klein schneiden. Alles zusammen mit wenig Wasser in einen kleinen Topf geben und aufkochen lassen. Dann auf kleiner Stufe etwa 10 Minuten weich köcheln.

Polentagrieß in einem kleinen Topf zusammen mit 5 El Wasser unter Rühren aufkochen. Das gekochte Gemüse mit den Kartoffeln in ein hohes Gefäß umfüllen, die Polenta und den Orangensaft zugeben und pürieren. Dann das Öl unterrühren.

**Für 1 Portion**

50 g Brokkoli

50 g Möhre

50 g Kartoffeln

10 g Polentagrieß (Maisgrieß)

30 ml Orangensaft

2 Tl Rapsöl

# Zucchini-Nudel-Brei
## mit Hackfleisch

 **15 Minuten**   **Ab 5. Monat**

### Für 1 Portion

75 g Zucchini

40 g gemischtes Hackfleisch

50 g Vollkornnudeln

½ Salbeiblatt

4 Tl Rapsöl

Zucchini waschen, putzen und in grobe Stücke raspeln.

Das Öl in einem kleinen Topf erhitzen und das Hackfleisch darin bei mittlerer Hitze leicht anbraten. Zuccchiniraspel zugeben, einen Deckel auflegen und das Ganze bei schwacher bis mittlerer Hitze etwa 12 Minuten garen.

In der Zwischenzeit in einem zweiten Topf Wasser aufkochen, Nudeln und Salbeiblatt hineingeben und nach Packungsanweisung garen. Abgießen und das Kochwasser auffangen.

Hackfleisch-Zucchini-Mischung bei Bedarf mit etwas Nudelkochwasser verrühren, wenn die Masse zu fest geworden ist. Zusammen mit den Nudeln in ein hohes Gefäß umfüllen. Pürieren und bei Bedarf mit weiterem Kochwasser verdünnen.

## Tipp!

Der Salbei regt die Darmfunktion an, kann aber auch weggelassen werden.

# Tomaten-Zucchini-Reis
## mit Hähnchen

 20 Minuten  Ab 8. Monat

Tomate kreuzweise einritzen und mit kochendem Wasser überbrühen. Anschließend die Haut abziehen. Zucchini waschen und putzen. Tomate und Zucchini würfeln, das Hähnchenfleisch ebenfalls würfeln.

Den Reis in der doppelten Menge Wasser nach Packungsanweisung weich kochen. In der Zwischenzeit Zucchini und Tomaten in einem kleinen Topf in wenig Wasser etwa 6 Minuten weich kochen. Das Fleisch in einem zweiten kleinen Topf ebenfalls in wenig Wasser etwa 5 Minuten weich kochen.

Alles zusammen mit dem gekochten Reis und dem Orangensaft in ein hohes Gefäß füllen und pürieren. Dann das Öl unterrühren.

## Für 1 Portion

50 g Tomate

50 g Zucchini

20 g Hähnchenbrust

25 g Reis

2 El Orangensaft

2 Tl Rapsöl

## Tipp!

Tomaten können einen wunden Po verursachen, deshalb füttern Sie diesen Brei besser erst ab dem 8. Monat. Er wird dann meist besser vertragen.

# Roter Kartoffelbrei

 15 Minuten      Ab 5. Monat

**Für 1 Portion**

50 g Kartoffeln

50 g Rote Bete

1 El Sonnenblumenkerne

30 ml Orangensaft

Kartoffeln und Rote Bete schälen und würfeln. Beides in wenig Wasser in einem kleinen Topf aufkochen und zugedeckt etwa 10 Minuten garen.

Sonnenblumenkerne in einem Blitzhacker fein mahlen.

Orangensaft und gemahlene Sonnenblumenkerne mit dem Gemüse in ein hohes Gefäß geben und pürieren. Eventuell noch mit etwas Wasser oder Orangensaft verdünnen.

## Tipp!

Für die Rote Bete am besten dünne Gummi- oder Einmalhandschuhe tragen, denn sie färbt stark.

# DIE ZWEITEN BREIE AM ABEND

Milch-Getreide-Breie sind sehr einfach herzustellen und besonders schnell fertig. Einfach nur Flocken oder Grieß mit Milch anrühren. Quellen lassen ist nicht immer nötig. Wer sich mehr Abwechslung wünscht, gibt noch etwas Obst oder Obstsaft zu. In der Regel mögen Babys aber die ganz einfachen Breie ebenso gerne.

# Dinkelflockenbrei
## mit Orangensaft

 6 Minuten

 Ab 6. Monat

### Für 1 Portion

200 ml Vollmilch oder
Säuglingsanfangsmilch

3 El Dinkelflocken
für die Babyernährung

2 El Orangensaft

Milch leicht erwärmen und Dinkelflocken einrühren, dann den Orangensaft zufügen.

# Apfel-Grießbrei

 5 Minuten      Ab 6. Monat

Milch leicht erwärmen und den Grieß einrühren. 10 Minuten auf der abgeschalteten Platte quellen lassen. Anschließend das Apfelmus unterrühren.

**Für 1 Portion**

200 ml Vollmilch oder Säuglingsanfangsmilch

3 El Vollkorngrieß

2 El Apfelmus

# Hirseflockenbrei

 5 Minuten

 Ab 6. Monat

## Für 1 Portion

200 ml Vollmilch

2 El Hirseflocken für die Babyernährung

2 El Apfelmus

Milch leicht erwärmen und Hirseflocken einrühren. Das Apfelmus unterrühren.

## Tipp!

Hirse ist besonders eisenreich. Verwenden Sie spezielle Flocken für die Babyernährung.

# Säuglingsmilch
## mit Flocken

 5 Minuten       Ab 6. Monat

Säuglingsanfangsmilch nach Packungsanweisung für die Flasche zubereiten und die Flocken einrühren. Die Flasche mit einem Breisauger versehen.

**Für 1 Portion**

300 ml Säuglingsanfangsmilch

1 El Instantflocken

**Tipp!**

Gute Alternative für Babys, die die Breinahrung verweigern.

# BREIMAHLZEITEN AM NACHMITTAG

Ab dem 7. Monat wird die dritte tägliche Milchmahlzeit ersetzt. Getreide-Obst-Breie ohne Milch bringen viele Vitamine mit und bieten eine Menge Abwechslung. Probieren Sie ruhig auch exotische Obstsorten aus, das Angebot ist groß!

# Bananen-Zwieback-Brei

## Für 1 Portion

2 Scheiben ungesüßter
Zwieback oder Babyzwieback

½ Banane

1 El Apfelsaft

1 Tl Rapsöl

 10 Minuten  Ab 7. Monat

Den Zwieback in ein Schälchen bröckeln und 150 ml stark erhitztes Wasser darüber geben. Den Zwieback so lange quellen lassen, bis er ganz weich ist.

Die halbe Banane schälen, mit einer Gabel zerdrücken und zusammen mit dem Apfelsaft und dem Öl unter den Zwiebackbrei rühren.

# Apfel-Reiswaffel-Brei

 **10 Minuten**    **Ab 7. Monat**

**Für 1 Portion**

2 ½ neutrale Reiswaffeln

1 kleiner Apfel

1 Tl Rapsöl

Die Reiswaffeln in ein hohes Gefäß fein zerbröseln. 200 ml Wasser stark erhitzen und die Hälfte über die Reiswaffeln gießen.

Den Apfel schälen und fein reiben. Das Öl zu den Reiswaffeln geben und das Ganze anschließend pürieren. Dann den geriebenen Apfel unterheben.

Mit dem restlichen Wasser auf die gewünschte Konsistenz verdünnen.

# Backpflaumenbrei

 **25 Minuten**     **Ab 7. Monat**

Die Backpflaumen mit einem scharfen Messer in kleine Stücke schneiden. In einem Schälchen mit heißem Wasser übergießen und 15 Minuten quellen lassen.

In der Zwischenzeit die Reisflocken in ein hitzefestes hohes Gefäß geben, 100 ml Wasser aufkochen und zusammen mit dem Öl zugeben.

Die gequollenen Backpflaumen ebenfalls zugeben und alles fein pürieren.

## Für 1 Portion

30 g Backpflaumen

20 g Reisflocken

1 Tl Rapsöl

## Tipp!

Schmeckt im Winter besonders gut, wenn das Angebot an frischem Obst beschränkt ist.

# Haferbrei
## mit Apfel und Banane

 10 Minuten　　 Ab 7. Monat

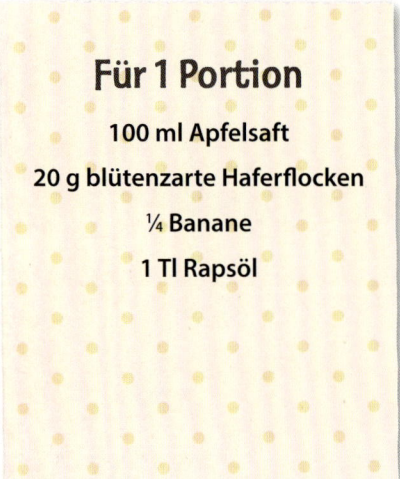

### Für 1 Portion

100 ml Apfelsaft

20 g blütenzarte Haferflocken

¼ Banane

1 Tl Rapsöl

Den Apfelsaft erhitzen, aber nicht aufkochen lassen. Die Flocken in ein Schälchen geben und den heißen Apfelsaft darüber gießen. Die Banane schälen, hineinschneiden und mit der Gabel zerdrücken. Dann das Rapsöl einrühren und die Masse bei Bedarf mit etwas heißem Wasser verdünnen.

### Tipp!

Geht besonders schnell, da man sich das Pürieren spart.

# Nektarinen-Bananen-Reis

 10 Minuten     Ab 7. Monat

**Für 1 Portion**

1 Nektarine

2 El Reisflocken

½ Banane

1 Tl Rapsöl

Die Nektarine waschen, entsteinen und vierteln. In einem kleinen Topf mit 200 ml Wasser aufkochen, bis sich die Schale zu lösen beginnt. Dann die Nektarine aus dem Wasser heben und die Schale entfernen. Das Fruchtfleisch in ein hohes Gefäß geben und pürieren. Das Kochwasser nicht wegschütten.

Die Reisflocken in der Hälfte des Kochwassers 1–2 Minuten quellen lassen. Die halbe Banane schälen und zerdrücken.

Nektarinenpüree, zerdrückte Banane, Reisbrei und Rapsöl mischen.

# Avocado-Melonen-Haferbrei

**Für 1 Portion**

½ Avocado

75 g Honigmelone

2 El blütenzarte Haferflocken

 15 Minuten      Ab 7. Monat

Die Avocado schälen und den Stein entfernen. Die Honigmelone schälen und die Kerne entfernen. Beides in kleine Würfel schneiden und in ein hohes Gefäß geben.

90 ml Wasser in einem kleinen Topf erhitzen und die Haferflocken einrühren. 1–2 Minuten quellen lassen. Zu den Avocado- und Melonenwürfeln geben und pürieren.

# Birnen-Pflaumen-Reis

**Für 1 Portion**

2 El Vollkorn-Reisflocken

½ Birne

50 g Pflaumen

1 Tl Rapsöl

 15 Minuten

 Ab 7. Monat

150 ml Wasser in einem kleinen Topf erhitzen und die Reisflocken einrühren. Unter Rühren aufkochen, von der Platte ziehen und ausquellen lassen.

Die halbe Birne waschen, schälen und das Kerngehäuse entfernen. Die Pflaumen waschen und die Steine entfernen. Birne und Pflaumen in Würfel schneiden.

Obst in 2 El Wasser etwa 5 Minuten weich dünsten. Dann in ein hohes Gefäß füllen, Öl hinzufügen und pürieren. Zuletzt die gequollenen Reisflocken hinzufügen.

# Pfirsich-Dinkel-Brei
## mit Mandelmus

 **15 Minuten**     **Ab 6. Monat**

Den Pfirsich waschen, entsteinen und vierteln. In einem kleinen Topf mit 200 ml Wasser aufkochen, bis sich die Schale zu lösen beginnt. Dann den Pfirsich aus dem Wasser heben und die Schale entfernen. Das Fruchtfleisch in ein hohes Gefäß geben und pürieren. Das Kochwasser nicht wegschütten.

Fruchtfleisch mit dem Mandelmus vermischen, eventuell mit etwas Kochwasser verdünnen und verrühren. Die Dinkelflocken in wenig Wasser aufkochen und mit dem Obstmus vermischen.

## Für 1 Portion

1 Pfirsich (etwa 100 g)

1 El weißes Mandelmus

1–2 El Dinkelflocken für die Babyernährung

## Tipp!

Mandelmus ist zwar nicht gerade billig, aber da man keine großen Mengen verwendet, ist es sehr ergiebig. Es trägt zu einer guten Eisenversorgung bei.

# FINGERFOOD FÜR BABYS

Einfache kleine Zwischenmahlzeiten, die das Baby
in der Hand halten und auch ohne Zähnchen schon
zerkleinern kann, schulen seine Koordinations-
fähigkeit, sorgen für eine sinnvolle Beschäftigung und
machen auch noch Spaß. Diese Gerichte eignen sich
schon ab dem 7. Monat.

# Brokkoli-Reis-Bällchen

 **25 Minuten**      **Ab 7. Monat**

### Für 12-15 Stück

30 g Rundkornreis

100 g Brokkoli

1 Tl Rapsöl

2 El Orangensaft

Den Reis in der doppelten Menge Wasser 20 Minuten kochen, bis er sehr weich ist und alles Wasser aufgenommen hat. In der Zwischenzeit den Brokkoli putzen und zerkleinern. In wenig Wasser etwa 10 Minuten dünsten, bis er weich ist.

Den gekochten Brokkoli zerdrücken und mit Reis, Rapsöl und Orangensaft gründlich vermischen. Mit angefeuchteten Händen zu Bällchen formen, die das Baby gut in der Hand halten kann.

## Tipp!

Die Bällchen schmecken auch kalt noch gut.

# Orangen-Hirse-Bällchen

 **25 Minuten (plus Abkühlzeit)**

 **Ab 7. Monat**

**Für 12-15 Stück**

50 g Hirse

150–175 ml Orangensaft

1 Tl weiche Rosinen

1 Tl Rapsöl

Die Hirse in einem Sieb unter fließendem heißem Wasser waschen, bis das Wasser nicht mehr milchig ist.

Den Orangensaft aufkochen und Hirse und Rosinen hineingeben. Kurz aufkochen lassen und die Hirse bei schwacher Hitze etwa 15 Minuten quellen lassen, bis sie gut zusammenklebt.

Topf von der Platte ziehen, das Rapsöl einrühren und die Hirse etwas abkühlen lassen.

Mit angefeuchteten Händen zu Bällchen formen, die das Baby gut in der Hand halten kann.

# Hafer-Kokos-Bällchen

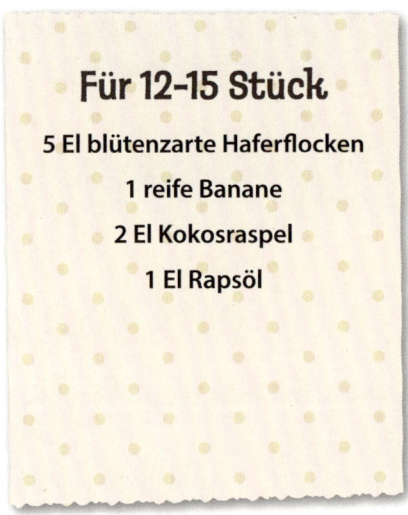

### Für 12-15 Stück

5 El blütenzarte Haferflocken

1 reife Banane

2 El Kokosraspel

1 El Rapsöl

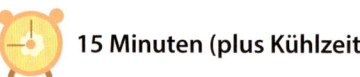 **15 Minuten (plus Kühlzeit)**

 **Ab 9. Monat**

Die Haferflocken in eine kleine Schüssel geben, 40 ml kochendes Wasser darübergeben und gut vermischen. Die Banane schälen, zerdrücken und mit Haferflocken, Öl und 4 El Kokosraspeln sehr gut vermischen.

Mit angefeuchteten Händen zu Bällchen formen, die das Baby gut in der Hand halten kann. Dann in den restlichen Kokosraspeln wenden und nochmals mit den Händen formen. Etwa 2 Stunden im Kühlschrank fest werden lassen.

# Grießschnitten

 15 Minuten (plus Abkühlzeit)

 Ab 10. Monat

Milch aufkochen und den Grieß unter Rühren mit dem Schneebesen in die kochende Milch einrieseln lassen. Noch einmal aufkochen lassen, die Platte ausschalten und unter gelegentlichem Rühren 5 Minuten quellen lassen. Das Ei einrühren.

Ein Backblech mit Wasser befeuchten, den Brei darauf ausstreichen und fest werden lassen. Dann die Masse in Stücke schneiden, die das Baby gut in der Hand halten kann und in einer Pfanne in Butter von beiden Seiten kurz braten. Etwas abkühlen lassen.

**Für 2–3 Portionen**

250 ml Vollmilch

100 g Vollkorngrieß

1 Ei

Butter zum Braten

# Einfache Haferkekse
## mit Apfel

### Für 30 Stück

**150 g Haferflocken**

**250 g ungesüßtes Apfelmus**

 10 Minuten (plus Backzeit)

 Ab 6. Monat

Den Backofen auf 160 °C vorheizen.

Haferflocken und Apfelmus vermischen. Ein Backblech mit Backpapier belegen und die Mischung mit einem Teelöffel in kleinen Klecksen darauf verteilen.

15–20 Minuten backen.

# Kabeljau-Nuggets

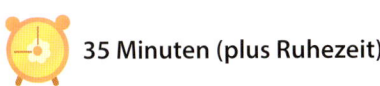 35 Minuten (plus Ruhezeit)

 Ab 7. Monat

Kartoffeln 20 Minuten in Wasser garen, abgießen und etwas abkühlen lassen.

In der Zwischenzeit die Möhren putzen und würfeln. Zusammen mit dem noch gefrorenen Fisch in etwas Wasser etwa 10 Minuten dünsten.

Das Wasser abgießen, den Fisch etwas abkühlen lassen und gründlich auf Gräten überprüfen. Die Kartoffeln pellen.

Die Möhren mit dem Fisch, dem Orangensaft und 2 EL Öl pürieren. Die Kartoffeln zerdrücken und mit den Haferflocken und dem Fischpüree vermischen. Nach Bedarf noch mehr Haferflocken einrühren, wenn der Teig nicht fest genug ist. 10 Minuten ruhen lassen.

Den Zwieback reiben. Den Teig mit angefeuchteten Händen zu Bällchen formen, die das Baby gut in der Hand halten kann und in den Zwiebackkrümeln wenden.

Das restliche Rapsöl in einer Pfanne erhitzen und die Bällchen darin etwa 5 Minuten von allen Seiten braten, dabei etwas flach drücken.

## Für 10-12 Stück

75 g Kartoffeln

50 g Möhren

50 g TK-Kabeljaufilet

2 El Orangensaft

3 El Rapsöl

2 El blütenzarte Haferflocken, evtl. etwas mehr

½ ungesüßter Zwieback oder Babyzwieback

# MITESSEN BEI DER FAMILIENMAHLZEIT

Mit etwa 10 Monaten ist Ihr Baby so weit, dass es bei Ihnen mitessen kann. Würzen Sie aber nur dezent und salzen Sie wenig oder gar nicht. Die übrigen Familienmitglieder können am Tisch nachsalzen und -würzen. Lassen Sie bei diesen Gerichten Ihre Fantasie spielen und peppen Sie sie für sich und die anderen am Tisch noch etwas auf.

# Brokkolicremesuppe

## Für 2-3 Portionen

1 Zwiebel

1 große Kartoffel

275 g Brokkoli

1 El Rapsöl

½ Tl Curry

wenig Jodsalz

Pfeffer

375 ml Gemüsebrühe (salzarm)

100 ml Vollmilch

½ El Schmand

 30 Minuten     Ab 10. Monat

Zwiebel und Kartoffel schälen und fein würfeln. Brokkoli waschen und in Röschen teilen. Den Strunk schälen und ebenfalls sehr klein schneiden.

Das Öl in einem Topf erhitzen, die Zwiebel darin glasig anbraten und mit dem Curry bestäuben.

Die Kartoffel zugeben und kurz mit anbraten. Leicht salzen und pfeffern. Mit der Brühe ablöschen und die Milch zugeben. Brokkoli ebenfalls zugeben und etwa 15 Minuten köcheln lassen. Den Schmand einrühren und alles fein pürieren.

## Tipp!

Vor dem Pürieren ein paar schöne Brokkoliröschen herausnehmen und zum Schluss wieder in die Suppe geben.

# Kürbis-Hackfleisch-Pfanne

 30 Minuten     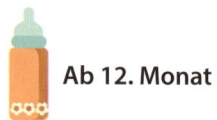 Ab 12. Monat

## Für 2-3 Portionen

500 g Kürbis

1 Zwiebel

1 Möhre

250 g Hackfleisch

2 EL Rapsöl

400 g stückige Tomaten

1 El Tomatenmark

Pfeffer

wenig Jodsalz

Kürbis schälen und die Kerne entfernen. Das Kürbisfleisch würfeln. Zwiebel und Möhre schälen und würfeln.

Zwiebel und Hackfleisch zusammen in etwas Öl anbraten. Anschließend den Kürbis und die Möhre dazugeben und einige Minuten mitbraten. Dann Tomaten und das Tomatenmark ebenfalls zugeben. Die Pfanne zudecken und das Ganze ca. 10 Minuten köcheln lassen, gelegentlich umrühren. Mit Pfeffer und Salz würzen und weitere 5 Minuten köcheln lassen.

**Tipp!**

Dazu passen Reis, Kartoffeln oder Brot.

# Kartoffelfrittata

 35 Minuten (plus Abkühlzeit)

 Ab 10. Monat

Die Kartoffeln schälen, 20–25 Minuten in leicht gesalzenem Wasser kochen und abkühlen lassen, dann in dünne Scheiben schneiden.

In der Zwischenzeit den Backofen auf 160 °C vorheizen. Die Eier mit der Milch verquirlen und die Petersilie unterheben. Die Zwiebel schälen und fein würfeln.

Das Öl in einer ofenfesten Pfanne erhitzen und die Zwiebel bei mittlerer Hitze 4–5 Minuten unter Rühren glasig dünsten. Die Eiermischung und die Kartoffelscheiben in die Pfanne geben und gleichmäßig darin verteilen. Bei schwacher Hitze stocken lassen.

Dann die Pfanne in den Ofen stellen und die Frittata 3–5 Minuten im Ofen bräunen.

## Für 2–3 Portionen

500 g festkochende Kartoffeln

wenig Jodsalz

5 Eier

1 ½ El Vollmilch

3 Tl gehackte Petersilie

1 Zwiebel

2–3 El Rapsöl

# Nudelmuffins
## mit Mais und Erbsen

 **20 Minuten (plus Backzeit)**

 **Ab 10. Monat**

### Für 12 Stück

100 g Vollkorn-Gabelspaghetti

1 kleine Dose Mais
(ca. 140 g Abtropfgewicht)

150 g TK-Erbsen

wenig Jodsalz

3 Eier

250 ml Vollmilch

Den Backofen auf 180 °C vorheizen.

Die Nudeln zusammen mit dem Mais und den Erbsen in reichlich Salzwasser nach Packungsangabe weich kochen. Abgießen und etwas abkühlen lassen.

Dann die Eier verquirlen, mit der Milch, den Nudeln und dem Gemüse vermischen und mit wenig Salz würzen.

Ein 12er-Muffinblech mit Papierförmchen auslegen und die Masse hineingeben. Im Ofen etwa 15 Minuten backen.

# Kartoffeliges
# Gemüsegratin

 **30 Minuten (plus Backzeit)**

 **Ab 10. Monat**

Die Kartoffeln unter fließendem Wasser gründlich abbürsten und unge- schält 20–30 Minuten kochen. Dann abgießen, kurz abdampfen lassen und pellen. Die Kartoffeln in Spalten schneiden. Kohlrabi und Möhren schälen und in grobe Stücke schneiden. Kohlrabi und Möhren mit den Erbsen in Salzwasser 5–8 Minuten bissfest kochen. Den Backofen auf 200 °C vorheizen.

Das Gemüse abgießen und abtropfen lassen. Die Petersilie waschen, tro- cken schütteln und die Blättchen hacken.

Kartoffeln mit Gemüse und Petersilie mischen, in einer gefetteten, ofen- festen Form verteilen und die Gemüsebrühe dazugießen. Den Käse fein reiben, mit den Semmelbröseln vermischen und auf das Gratin streuen. 20–30 Minuten im Ofen überbacken.

### Für 2–3 Portionen

250 g Kartoffeln

150 g Kohlrabi

75 g Möhren

75 g TK-Erbsen

wenig Jodsalz

½ Bund glatte Petersilie

Fett für die Form

50 ml Gemüsebrühe (salzarm)

80 g Parmesan

1 El Semmelbrösel

# Bunte Nudeln
## mit Erbsen-Mandel-Schaum

### Für 2-3 Portionen

200 g Möhren

125 g Bandnudeln

wenig Jodsalz

2 El Mandeln

1 El Rapsöl

200 g TK-Erbsen

200 g Sahne

 30 Minuten

 Ab 10. Monat

Die Möhren schälen und der Länge nach mit einem Sparschäler in dünne Streifen schneiden.

Die Bandnudeln in reichlich kochendem Salzwasser nach Packungsanleitung al dente garen. Etwa 8 Minuten vor Ende der Kochzeit die Möhrenstreifen zugeben und mitkochen.

In der Zwischenzeit die Mandeln fein hacken. Das Öl in einem Topf erhitzen, die Mandeln und die Erbsen hineingeben und 3–4 Minuten bei mittlerer Hitze garen.

Die Sahne unterrühren und kurz aufkochen.

Die Erbsen-Mandel-Mischung zu einer leicht schaumigen Sauce pürieren. Möhrennudeln abgießen und die Sauce unterheben.

# Maispuffer
## mit Käse

 15 Minuten   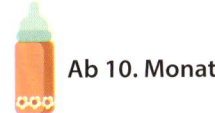 Ab 10. Monat

Ei und Milch in einer kleinen Schüssel verquirlen. Mehl und Backpulver zufügen und zu einem weichen Teig verarbeiten. Abgetropften Mais, Käse und Schnittlauchröllchen unterrühren und leicht salzen.

In einer Pfanne etwas Öl erhitzen und pro Puffer 1 El Teig in die Pfanne geben. 1–2 Minuten auf jeder Seite braten, bis die Puffer aufgegangen und goldgelb sind. Nacheinander alle Puffer backen und auf Küchenpapier abtropfen lassen.

### Für 2–3 Portionen

1 Ei

150 ml Vollmilch

75 g Mehl

½ Tl Backpulver

75 g Mais (aus der Dose)

3 El geriebener Gouda

1 Tl Schnittlauchröllchen

wenig Jodsalz

2 EL Rapsöl zum Braten

# Gemüse-Couscous
## mit Hähnchen

 25 Minuten

 Ab 10. Monat

## Für 2-3 Portionen

1 Hähnchenbrustfilet (ca. 150 g)

50 g Pastinake

100 g Brokkoli

300 ml Geflügelbrühe (salzarm)

150 g Instant-Couscous

wenig Jodsalz

Die Hähnchenbrust waschen, trocken tupfen und klein würfeln. Die Pastinake schälen, den Brokkoli waschen und beides ebenfalls klein würfeln.

Die Brühe in einem Topf aufkochen. Pastinake, Brokkoli und Hähnchenfleisch in die kochende Brühe geben und etwa 10 Minuten bei schwacher Hitze köcheln lassen.

Den Couscous zufügen, leicht salzen und etwa 10 Minuten ausquellen lassen.

# Graupenrisotto

 **40 Minuten**

 **Ab 10. Monat**

Zwiebel, Knoblauch und Möhre schälen und fein würfeln. Fleischwurst ebenfalls fein würfeln. Das Öl in einer hohen Pfanne erhitzen, Zwiebel, Knoblauch, Fleischwurst und Möhre zufügen und glasig dünsten. Dann die Graupen zugeben und so lange weiterdünsten, bis sie glasig sind.

Die Brühe zugeben, aufkochen und etwa 15 Minuten köcheln lassen, dabei hin und wieder umrühren. Zwischendurch nach Bedarf noch etwas Wasser angießen. Die noch gefrorenen Erbsen unterrühren und 10–15 Minuten weiterköcheln lassen.

Die Petersilie waschen und fein hacken. Crème fraîche und Petersilie in das Risotto rühren und mit Salz und Pfeffer vorsichtig abschmecken.

## Für 2–3 Portionen

1 Zwiebel

1 Knoblauchzehe

1 Möhre

150 g Fleischwurst

1 El Rapsöl

150 g Perlgraupen

750 ml Gemüsebrühe (salzarm)

150 g TK-Erbsen

½ Bund Petersilie

1 El Crème fraîche

wenig Jodsalz

Pfeffer

# Hackbällchen
## in Tomatensauce

 **40 Minuten (plus Backzeit)**

 **Ab 10. Monat**

## Für ca. 25 Stück

50 g Zwiebeln

60 g Champignonköpfe

250 g mageres Schweine-hackfleisch

100 g Paniermehl

wenig Jodsalz, wenig Majoran

2 Eigelb

½ Zwiebel

250 g Tomaten

150 ml Gemüsebrühe (salzarm)

1 El Tomatenmark

1 Tl getrocknete italienische Kräuter

1 El Rapsöl

Zwiebeln und Champignonköpfe putzen und fein hacken. Mit Hackfleisch, Paniermehl, wenig Jodsalz, etwas Majoran und Eigelb verkneten, zu Bällchen formen und kühl stellen.

Dann die Tomatensauce zubereiten. Dafür die halbe Zwiebel schälen und fein hacken. Die Tomaten kreuzweise einritzen, mit kochendem Wasser überbrühen und kurz stehen lassen. Dann die Haut abziehen, die Kerne entfernen und die Tomaten fein hacken. Tomatenfleisch zusammen mit der Gemüsebrühe, der Zwiebel, dem Tomatenmark, den italienischen Kräutern und wenig Salz in einen Topf geben, zum Kochen bringen und 20 Minuten bei schwacher Hitze köcheln lassen. Kurz abkühlen lassen und pürieren.

In der Zwischenzeit die Fleischbällchen in einer Pfanne in dem Öl etwa 10 Minuten von allen Seiten braten, bis sie leicht braun werden.

Den Ofen auf 180 °C vorheizen. Die Fleischbällchen in eine feuerfeste Form füllen, die Sauce darübergeben und 45–50 Minuten im Ofen garen.

## Tipp!

Dazu passen Nudeln, Kartoffeln oder Reis.

# Möhrenwaffeln

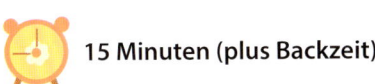 15 Minuten (plus Backzeit)

 Ab 12. Monat

## Für 8-10 Stück

30 g Butter

1 Ei

200–250 ml Vollmilch

wenig Jodsalz

250 g Möhren

75 g Weizen-Vollkornmehl

75 g Weizengrieß

Die Butter zerlassen und mit Ei, Milch und Salz verquirlen. Die Möhren schälen, putzen und fein reiben. Mit dem Mehl und dem Grieß in die Eiermilch geben, gut verrühren und 15 Minuten quellen lassen.

Das Waffeleisen vorheizen und einzelne Waffeln aus dem Teig backen.

## Tipp!

Dazu passt ein Rohkostsalat.

# Apfel-Birnen-Muffins

## Für 12 Stück

1 Ei

wenig Jodsalz

1 Apfel

2 Birnen

100 g Dinkelmehl

50 g Speisestärke

½ Pck. Backpulver

Fett für die Förmchen

 20 Minuten (plus Backzeit)

 Ab 10. Monat

Den Backofen auf 180 °C vorheizen. Das Ei zusammen mit wenig Salz schaumig schlagen. Apfel und Birnen schälen, entkernen, fein reiben und zugeben. Mehl, Stärke und Backpulver mischen und ebenfalls zugeben.

12 Muffinförmchen fetten und den Teig auf die Förmchen verteilen. Im Backofen 50–60 Minuten backen. Mit der Stäbchenprobe prüfen, ob sie durchgebacken sind.

# Rezeptverzeichnis